Andreas Helmreich

Kunstabüchlein

Wie man auff Marmelstein, Kupffer, Messing, Zihn, Stal, Eisen, Harnisch und Waffen, Etzen und künstlich vergülden sol.

Andreas Helmreich

Kunstabüchlein

Wie man auff Marmelstein, Kupffer, Messing, Zihn, Stal, Eisen, Harnisch und Waffen, Etzen und künstlich vergülden sol.

ISBN/EAN: 9783743448698

Hergestellt in Europa, USA, Kanada, Australien, Japan

Cover: Foto ©Thomas Meinert / pixelio.de

Weitere Bücher finden Sie auf **www.hansebooks.com**

Kunstbüchlein/
Wie man auff

Marmelstein / Kupffer /
Messing / Zihn / Stal / Eisen / Harnisch vnd Waffen / ꝛc. Etzen / vnd
künstlich vergülden sol.

Mit vorgehendem Bericht:
Wie man Dinten / Dintenpulffer / Presilgen / vnd alle Metalfarben zum schreiben. Mancherley
Farben / pergament vnd Federn zu ferben. Alle
Metallen aus der Federn zu schreiben. Golt vnd
Silber Fundamentlein / vnd Goltwasser
auff allerley Mallerey / vnd dergleichen mehr / machen vnd
temperiren sol.

Zu Dienst vnd Ehren allen
Schreibern / auch den vnerfahrnen
der Etzkunst / zusammen bracht
Durch
Andream Helmreich / Rechenmeister zu Halle.

Von newem vbersehen / gemehret vnd gebessert.

Dem Erbarn

vnd Weisen/ Errn Busso Sandaw/ Bürger vnd des Raths zu Halle/ Meinem guten Freunde.

Eine willige Dienst zuuor/ Erbar vnd Weiser/ Günstiger Herr vnd Freund/ Wir sehen/ das der Allmechtige Gott/ dem Menschlichen Geschlecht nicht alleine/ was sie zu ewiger Seligkeit/ sondern auch zu allerley Leiblicher vnd zeitlicher Wolfart vnd Herrligkeit/ in diesem elenden Leben benötiget/ reichlich allzeit mitgeteilet/ vnd etzliche auch so wol vnter die Vngerechten/ als Gerechten auszgestrawet/ als die vier Elementa/ vnd allerley innerliche vnd

A ij eusser=

Vorrede.

eusserliche Gaben / auch die Metalla vnd Ertzte / als Gold / Silber / Stal / Eisen / Kupffer / Messing / Zin / vnd dergleichen. Darneben allzeit auch viel herrliche / Kunstreiche Werckmeister erweckt / vnd gibt / die dieselbigen Metalla vnd Ertzte / mancher vnd fast wunderlicher weise / künstlich vnd nützlich giessen / platten / treiben vnnd arbeiten können / also das sie dieselbigen / durchs Fewer erweicht / subtil vnd grob / so gerade / vnd fast so leicht vnd behende / als man keinen Faden aus einem püschel Wolle oder Seiden spinnen mag / ziehen / vnd auch so ein Metal / mit dem andern vberziehen / vnd ferben / vbergülden / vbersilbern / oder vberzienen können / etc. Wiewol wir diß alles / für grosse Geschickligkeit / Kunst / vnd auch Gaben Gottes bilich rühmen / So ist doch meines erachtens / das nicht weniger zu wundern / das man gedachte Metalla vnd Farbe also zu zurichten weis / das

Vorrede.

das sie nicht allein / wie gemelt / die dinge zu arbeiten sind / Sondern auch so zu liquidiren vnd zu praeparieren / das sie / vnd ein jeder / dieselbigen aus einer Federn / so leichte als Dinten / roth oder schwartz / herrlich auff Pappier vnd Pergament schreiben / Vnd auch alle Metallen / desgleichen Darnisch vnd Waffen / also künstlich erhaben / vnd einwartz etzen / auch mit mancherley Farbe anlauffen lassen / vnd vbergülden könne / das es bestendiglich daroben hafftet vnd bleibet / Vnd diß ist nicht weiniger künstlich vnd zuerheben / denn die ander obgemelte Arbeit. Desgleichen auch ist ja billich zu loben vnd zu erhalten / das man so artig allerley Metallfarben praepariren / zurichten / vnd nützlich gebrauchen kan / Das aber nicht allein die Metalla vnd Farbe Gottes Gaben sind / Sondern auch dieselbigen (wie gesaget) so künstlich allerley wege zugebrauchen / Denn GOtt selbs

Vorrede.

selbs den Bezaleel sein Hertz mit Weißheit/ vnd seinen Geist mit Verstand vnd Erkentnis erfüllet/ das er allerley Metall vnd Farben / Silber vnd Gold / Künstlich arbeiten gekondt hat/ Vnd hat Gott auch selbs solche Kunstreiche Werckmeister hoch gelobet/ vnd befohlen: Man sol den Bezaleel/ auch den Ahaliab/ vnd den Hiram von Tiro (welche alle solche Metalla vnd Ertzte / deßgleichen auch die Metallfarben / Künstlich vnd meisterlich haben erbeitet/ vnd auch ferben können) holen lassen/ den heiligen Tabernackel/ also mit Ertzte/ vnd den Tempel mit aller Metal vnd Farben zu schmücken vnd zu zieren. Weil denn nu dem also/ sollen wir solche Künste so wol als die Metallen selbs / hoch ehren/ vnd für Gottes gaben erkennen/ vnd jme dafür dancken / das Er damit das Menschliche Geschlecht gezieret/ vnd geehret hat/ vnd sollen sie auch zu seinen Ehren gebrauchen.

Vnd

Vorrede.

VND dieweil ich auch eben zu solchen Metalfarben vnd Etzkünsten/auff allerley Metalla/Warnisch vnd Waffen/wie obgemelt/zugebrauchen/allzeit/zu dieser meiner Gelegenheit vnd Gebrauch/lust gehabt/hab ich solches sampt andern/was allein der Schreibfedern anhengig/vnd ich in teglichen brauch vnd vbunge geführet/für mich genomen/vnd in diese nachbeschriebene Ordnung vnd Büchlein gefasset/vnnd in gewisse Regeln begriffen/Auch solche Kunstreiche schöne art vnd Künsten/aus vnablessiger Bitte vieler meiner guten Freunde (wiewol ich mich lange zeit auffgehalten/vnd dessen aus vermercklichen vrsachen gewegert) an tag gegeben/vnd anders nichts damit gesucht/denn allein meinen guten Freund vñ Günnern/so der Schreibfedern verwand/vnd vnter andern der dingen vnerfaren sein/damit zu dienen/vnd solches offentlich in ewrem Namen/

Vorrede.

in Druck außgehen lassen / Freundlich bittende / wollet solche geringe Verehrung gutwilliglichen auff vnd annemen / vnd euch meinen hierinnen angewandten grossen vleis gefallen lassen / das wil ich vmb euch zuuerdienen geflissen sein. Vnd befehle euch hiemit in Gottes gnedigen Schutz vnd Schirm / neben wündschung vieler glückseliger zeit. Datum Halle / Sontags Jubilate / Anno 1567.

E. W.

Andreas Helmreich/
Rechenmeister vnd Stulschreiber zu Halle.

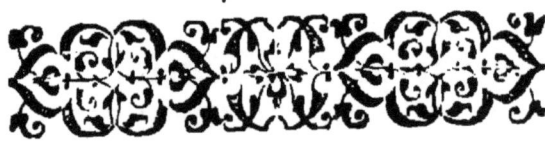

Folget

Folget ein Ordenung vnd Beschreibunge/ Wie man gute beſtendige Dinte verfertigen vnd machen ſol/ als Erſtlich.

Von der Geſtalt vnd Eigenſchafft der Species.

Gallus.

Welcher Gallus ſchwartz/ vnd viel runtzeln hat / der iſt gut/ je elter/ je beſſer.

Der ander/ der da groſſe glatte Körner hat/vnd leicht iſt / vnd inwendig weis ſihet / der iſt geringe. Welcher aber inwendig gelb vnd ſchwer iſt/ derſelbige iſt gut / vnd der aller beſte.

Victril oder Kupfferwaſſer.

Er Victril/ der da naß ist/ des
mus man ein Pfund haben.

Item/ Der Victril/ der da
trucge vnd weißfarbet vom Wetter ist/
des nim drey vierteil eines Pfundes.

Gummi Arabicum.

Welcher Gummi/ der da lauter/
durchsichtig/ als Anckstein/ gelb
vnd leicht ist/ der ist gut.

Item/ Der Gummi/ der da grosse
Körner hat/ als die kleinen Welsche Nüs=
se/ oder grossen Haselnüsse/ vnd gantz
roth vnd runtzelt/ vnd eins theils glat ist/
derselb ist falsch vnd Hartz/ zergeht nicht/
vnd bleibet in der Dinten/ als ein Zitter
von einer Galret/ vnd klebet wie Leim.

Von der Krafft vnd Wir=
ckung der Materien vnd
Species.

Essig.

Item/

Item / Der Essig wehret / das die Dinte nicht Schimlet.

Harm.

Item / Der Harm / das sie nicht eintreuget.

Saltz.

Item / Das Saltz wehret / das nicht zu dicke wird / vnd hilfft auch wider den Schimel.

Alaun.

Item / Alaun wehret / das kein Feces behelt / vnd lauter bleibt.

Faul Wasser.

Item / Das Faul Wasser macht / vnd wehret / das der Essig nicht so mechtig vnd starck wird / vnd durchschlecht.

Gallus vnd Victril.

Item / Der Gallus sampt dem Victril / bringet die Schwertze.

Gummi.

Item /

Item / Der Gummi helt vnd stercke
die Schwertze / vnd macht sie glentzend.

Vnd was man sonderlich notwendig zu wissen / mercken / vnd sich halten sol.

1. Item / Wenn man die Dinte lesst sieden / so werden die andern Zusetz alle falsch / nichtig / vnd krafftloß.

2. Item / So das Gefeß verglasurt ist / so verdirbet die Dinte von der Glett / als Bley.

3. Item / So Brod darein kömpt oder geworffen wird / dauon verdirbet sie.

4. Wenn ein Weib zu vnrechter zeit darüber kömpt / so verdirbet sie auch.

5. Item / Im letzten viertel des Monats / da setz an die Dinte / so wird sie fertig / in dem zunemen des ersten Viertels / des andern Monats / vnd bleibt gantz bestendig.

Wie man eine gute Dinte / aus obgeschriebenem Grunde machen sol.

Fol-

Folget:

WIltu eine gute Dinte machen/ So nim 3. Kannen Essig / 1. Kanne faul lauter Wasser / 1. Kanne lautern Menschen Harm/vnd 1. Pfund Gallus / drey viertel eines Pfundes trucknen Victril/ 10. Loth Gummi/ 4 Loth Alaun/eine gute Handuol Saltz/ vnd stos es klein / vnter einander gemenget / vnd thue es darnach in einen newen vnuerglasurten Hafen oder Topff/ geus darauff die obbemelte 5. Kannen / wol heis gemacht / aber nicht auffsieden lassen/ auff die obgeschriebene vermengte Species / bey einem Kolfewer also heis/ ein viertel Stunde vmbgerürt/ Darnach 14. tage kalt / alle tage zu drey mal wol auffgerühret / mit einem Bretlein zugedeckt stehen lassen/ vnd als denn abgeleutert/ in ein Waltburgisch Gefeß gethan/ vnd zugedeckt/ nicht in Frost noch in Hitze setzen/ Darnach 7. oder 8. Gallentörner/ zu viertel geschnidten / in der Dinten vmbgerühret gestanden / das ist seine Mutter.

Art

Art vnd Natur dieser Dinten.

1. Diese obangezeigte Dinte ist hübsch blaw vnd dünne / aus der Feder zu schreiben.
2. Item / Sie reucht wol / vnd wird bald trucken.
3. Item / Sie schmitzt nicht.
4. Item / Sie schimlet nicht.
5. Item / Sie treugt nicht ein.
6. Item / Sie wird nicht dicke.
7. Item / Je elter die Dinte / je schwertzer vnd besser sie wird / Vnd diese Dinte ist förder gut / auff dünne weis Pappier zu schreiben.

Ein andere vnd sterckere Dinte.

Item / Nim des faulen lautern Wassers 4. Kannen / auff die obbemelte so viel Species / vnd gehe jm nach in aller Massen / wie oben angezeigt ist / hastu eine gute Dinte.

Gebrauch vnd Nutz dieser Dinten.

Item /

Item / Die jetzige Dinte mit dem Wasser an jr selbs / dienet für die Originalbrieff oder Cantional / oder ander ding auff Pergament / denn sie lesst sich nicht rodiren / vnd gehet nimmermehr abe / vnd behelt jre Schwertz ewiglich.

Item / Die erste vnd dünne Dinte / behelt auch jre Schwertze.

Ein andere Mittel-Dinte.

Item / Nim der jetzigen Wasser-Dinte ein teil / oder ein Nössel der ersten blawen dünnen Dinte / vnd menge sie wol durch einander / vnd lasse sie stehen / so hastu eine gute Dinte / damit auff Pergament / 2c. zu schreiben.

Item / Dergleichen / so die erste Dinte zu dünne oder blaw sein wolte / so hilff jr mit der schwartzen starcken Dinte.

Item / Ist die ander Dinte mit dem Wasser zu starck / so mache sie dünne mit der ersten blawen Dinte.

Item / Die Mitteldinte ist gericht / vnd eine gute Handdinte / in allen Cantzeley-

tzeleyen vnd Schreibstuben / täglich zu
gebrauchen / ꝛc. Vnd also hastu hieuon
dreyerley Dinten gemacht / auß einem
Grunde.

Ein andere gemeine vnd
gute Hand Dinte.

NJm ein halb maß Bier / oder gu=
ten Wein / ist besser / setze es vber
ei... Fewer / vnd lasse es wol er=
warmen / vnd thue darein 4. Loth Gal=
lus/ 2. Loth Kupfferwasser/ auch 3. Loth
Gummi vnter einander gestossen/ vnd ein
wenig Saltz/ rühre es alle tage zwey oder
dreymal vmb/ das thue 3. oder 4. tage
lang/ so hastu eine gute Dinte/ auff Pap=
pier vnd Pergament/ welche man zu allen
Sachen brauchen kan/ vnd mag wol bil=
lich eine gemeine vnd gute Haußdinte ge=
nand werden.

Item/ So du der jetzigen Dinte mehr
denn obgeschrieben/ machen woltest/ mu=
stu insonderheit auff Maß vñ Gewichte/
der Species zu nemen / achtung haben.

Oder nim die grünen Hülssen/ oder
Schelffen/ die von den Welschen Nüs=
sen

sen kommen/thue sie in Regenwasser/las-
se die acht tage stehen/ rühre sie vmb/ so
die acht tage verflossen/ Nim solch Wasser / zwey Maß oder Kannen/ mit obbe-
rhürter Matteri / also / das das Wasser
ein wenig lawig ist / nicht zu warm/ sonst
schüt sichs/ thue es darein/ vnd rühre so
offt vnd lange die acht tage/ wie oben be-
rührt.

Oder nim solche Hülsen von den
Nüssen / wie jetzt/ derre sie auff den Boden zerstrewet/ vnd weil du jr haben wilt/
so nim jhr in einen grossen Topff/ oder
Hafen / geus jetzt genantes Regenwasser
darauff/laß abermal acht oder zehen tage
stehen vnd weichen / als denn nim das
Wasser/ vnd thue/wie jetzt bericht.

Darnach wenn du die zubereite
Dinte/ von dem gezeuge in ein ander Gefeß (wie gesagt) gethan hast/ so nim das
jetztbenente Wasser/ vnd geus es vber die
alte Materi/ die in Topff oder Hafen
bleibet/ rhüre es vmb/ vnd laß stehen/
Wenn du es bedürffen wirst/ Dinte zu
machen / so nim solch Wasser auff die

B   newe

newe Materi/ vnd thue in massen/ wie be-
richt/ so hastu wider gute Dinten.

Eine andere gar gute schwar-
tze Dinte.

NJm sechs Loth Türckischen Gal-
lus/ fünff Loth Kupfferwasser/
oder Victril/ vier Loth Knöpff-
lein von Erlen Beumen/ welche auch die
Hutmacher zum ferben gebrauchen/ vnd
vier Loth Gummi Arabicum/ Solches
stoß zusammen zu einem Puluer/ darnach
geus andert halb Nössel Bier darauff/
vnd setze es in einẽ vnuerglasurten Topff
oder Hafen/ 5. oder 6. tag lang im Sommer in die Sonne/ vnd des Winters auff
den Ofen/ Alle tage zwey oder drey mal
vmbgerühret/ vnd als denn durch ein
Tüchlein geseiget/ so hastu gar gute vnd
bestendige schwartze Dinte/ welche man
zu Hauptuerschreibung/ vnd allen Sa-
chen/ vnd in Schreibstuben gebrauchen
kan/ vnd bleibet bestendig. Solche Dinte hab ich für mich gemacht/ vnd gebrau-
chet/ vnd wird auch bald trucken.

Ein

Eine andere gute schwartze
Dinte / so D. Matthiolus von
Sena beschreibet / im 1.
Buch 57. cap.

Jltu eine köstliche schwartze Dinte machen / so nim der kleinen Knoblechten Gallöpffel / fünff Loth / zerstos sie grob / Victril drey Loth / Gummi Arabici zwey Loth / vnd Saltz ein halb quentle / thue es alles in einen verglasurten Hafen oder Topff / geus darauff zwey Pfund oder Nössel guten weissen Wein / der heis sey / vermache oben den Hafen oder Topff / setze jn 14. Tage an die Sonnen / oder im Winter auff den Ofen / vnd rühre es alle Tage / so hastu gute Dinte.

Diese grössern Gallöpffel haben diese Eigenschafft / das sie Jährlich deuten / vnd anzeigen / ob dasselb Jahr fruchtbar oder vnfruchtbar / ob sich Krieg empören / oder die Pestilentz regiren werde. Nim im Jenner oder Hornung einen newen gantzen vnuersehrten Gallapffel / der nicht löcherich sey / brich jn mitten
entzwey /

B ij

entzwey / so findestu darinnen eins / vnter den dreyen dingen / Nemlich eine Fliege / Würme oder Spinnē. Die Fliege bedeutet Krieg / das Würmblein Thewrung / vnd die Spinnen ein Sterbßlauff.

Ein gut Dintenpuluer zu machen.

Jltu ein recht vñ bestendig Dintenpuluer zurichten vnnd bereiten / So nim nach gelegenheit / so viel du zu machen begerest / am Gewicht / Als:

    6. Pfund Türckischen Gallus.
    4. Pfund Victril / der in der Sonne oder bey der Hitze gederret ist.
    2. Pfund Gummi Arabicum.
    1. Pfund gebrandten Alaun.
    1. Pfund Weinstein / Vnd
    Ein halb Pfund Salpeter.

Zerstosse jedes besonder in einem Mörser gar klein / vnd thue es durch einander gemenget in einen Kessel / las es ein wenig warm vnd hart werden / Darnach redere es durch ein Harsieblein / vnd thue es in ein Schachtel / so hastu ein gut Dintenpuluer. Nue

Nutz vnd Gebrauch dieses Puluers.

Nim ein wenig Wasser oder Bier/ oder Weissenwein ist besser/ thue des Puluers darein/ vnd rüre es vmb/ so hastu gute Dinte/ damit du schreiben magst/ Oder thue dieser Puluers in bleiche Dinte/ vnd rüre es vmb/ so hastu auch gute schwartze Schreibdinten.

Ein rothe Presilgdinte zu machen.

Wiltu eine gute Presilgdinte machen/ so nim ein Loth Presilgholtz/ vnd ein dritten theil von einem Maß Bier oder Wein/ vnd thue es in einen Topff/oder Hafen/las es ein Nacht vber dem Holtz stehen/ des Morgens/ wenn es hübsch helle am Himmel ist/ setz es zum Fewer/ vnd laß halb einsieden/ Nach dem thue zu jedem Loth Presilgen/ für zween Pfennig Alaun/ klein gestossen/ auch so viel Gummi Arabicum/ rühre es wol durch einander/ vnd laß es noch einmal auffsieden/ darnach so

B iij nim

nim sie vom Fewer/ vnd laß kalt werden/
seige sie durch ein Tüchlein/in eine Bulle
oder Glas/oben wol verstopfft/vnd wird
eine schöne rothe Dinte/ damit zu schreiben. Wiltu sie aber Braun haben/So
bald sie gesotten ist/ schabe ein wenig reine Kreiden darein/ Sihe aber zu/ das sie
dir nicht vberleufft/ wenn du die Kreiden
darein thust/ Vnd so sie kalt worden ist/
thue ferner damit/ wie bericht.

Wie man man-
cherley Farben zum schrei-
ben/ zubereiten vnd tem-
periren sol.

Gelbe Farbe oder
Dinte.

Jm Aurumpigmentum
den aller besten/vnd reib den
gantz klein/ mit Gummi-
wasser/ von Gummi Arabi-
cum/ auff einen Stein/ thue
darzu

darzu ein wenig Saffran/ So der wol
gerieben ist/ thue jn darnach in eine sauber Muschel/ vnd geuß Gummiwasser
daran/ rühre das mit der Feder vmb/ vnd
schreib damit/ wird schön gleissend/ Desgleichen magstu auch Bleygelb also zubereiten. Oder nim Rauschgelb/ reibe vñ
temperir dasselbe mit Gummiwasser/ wie
bericht/ vnd ist gar schön vnd gut damit
aus der Federn zu schreiben/ Alleine, das
die Fliegen solche Farben gerne abfressen/
vnd dauon sterben.

Rothe Farb.

NJm Zinober/ so viel du wilt/ auff
einen Stein / vnnd reib jn mit
Gummiwasser / auch mit zwey
oder drey Tropffen Eyerklar/ gantz wol/
Darnach thue jn in ein Muschel/ mit einem lautern Wasser/ vnd leuter jn also:
Laß sich die Farbe zu grunde setzen/ geuß
ab das vnreine/ vnd geuß wider frisch
Wasser daran/ das thue ein mal oder
drey/ biß die Metalfarb hübsch roth zu
grunde ligt/ Darnach temperirs mit einem Gummiwasser/ vnd schreib damit/
wird eine schöne rothe Dinte.　　　Der

Der Zinober aber mus zuuor gereiniget/vnd der Salpeter vnd Vnflat daraus gebrent werden/ dem thue also: Den Zinober thue in ein Blechern Pfannen/ halt das ober ein Kollfewer / laß es wol erheissen / biß es schwartz wird /so gehet das vnrein im Rauch dauon/ vnd wird gantz Rein / Darnach thue den Zinober auff den Stein/ præparir vnd temperir/ wie bericht.

Ein Temperatur zur Farben.

Im Bieressig/ lege darein Gummi Arabicum/ lasse es vber nacht oder lenger stehen/ vnd temperir damit die Farben.

Eine andere rothe Farbe.

Der nim Alaun/ vnd Gummi Arabicum / zureib es gar trucken zu einem Puluer / auff einem Stein/ Darnach thue es in ein Scherbelein oder Muschel/ vnd geus Regenwasser daran/ das es darinne zergehe/ vnd thue

thue den Zinober / welcher zuuor wol abgerieben sein mus / darunter / rühre es vmb mit einem Federlein / vnd schreib damit / wird schön vnd gleist.

Blawe Farbe oder Lasur.

Jm Oelblawen Lasur ein Loth in ein Muschel / vnd geus darauff Gummiwasser / rühre es vmb mit einer Feder oder Finger / geus mehr Gummiwasser daran / vnd lege weissen Mirren / so gros als eine Bone / auch so viel Gummi traganteum darein / Darnach thue es auff einen Reibstein / vnd zerreib es vnter einander / wenn das geschehen / so nim es vom Stein in ein Hörnkin / oder Muschel / ɛc. So du nu damit schreiben wilt / rühre es wol vnter einander vmb / duncke ein die temperirte Feder / Wenn die Blawe dinte schön vnd gerne aus der Feder gehet / so ist sie recht vnnd wol temperirt. Wo aber nicht / so ist sie zu dicke / vnd thue mehr Gummiwasser daran / das nicht dick ist / vnd rühre es offt vmb / ɛc.

Eine beſſere.

NJm Oelblawen Laſur/ der von art ſchön vnd rein iſt/ in eine Muſchel/ vnd geus Waſſer darauff/ das ſichs neſſe/ vnd der Laſur zu grunde ligt/ geus ab das Waſſer/ temperirs mit Gummiwaſſer/ vnd ſchreib damit/ ꝛc.

Ein andere.

Laſur genommen/ vnd thue den in ein klein glaſur Geſchlein/ geus daran eine gute ſcharffe Laugen/ vnd ſchemme es fein in ein Muſchel in die ander/ biß es klar vnd ſubtil wird. Darnach leutere es zum letzten ein mal/ zwey oder drey/ mit einem reinen Brunwaſſer abe/ temperirs mit einem Gummiwaſſer/ vnd ſchreib damit/ darffſt nicht reiben auff einem Stein.

Die vier Farben mag man/ als Laſur/ Arumpigmentum/ Zinober vnd Meinien/ mit reinem Waſſer ſpülen/ vnd wenn der Zinober vnd Meinien mit Eſſig gerieben wird/ ſo verleuret ſich die Farbe/ aber von dem ſpülen kömpt ſie wider. Bley-

Bleyweiß zu temperiren.

Leyweis nim ein Loth deines gefallens / reib es wol mit Gummiwaſſer auff einem Stein / thue es in ein Gefeß / vnd temperirs mit mehr Gummiwaſſer / nicht zu dicke noch zu dünne / ſo haſtu eine ſchöne weiſſe Farbe/ damit zu ſchreiben.

Alle Farben / die man haben kan / ſo man die leichter haben wil / denn ſie an jr ſelber ſein / miſche vnter eine jede Bleyweis / nach art vnd gelegenheit / deines gefallens/ wie du begereſt / damit magſtu ſeltzame Farbe zu bereiten.

Grüne Dinte.

Die ſchwartze Creutzber nim/welche auff den Hagendornē wachſen / gebrochen zehen tage nach Michaelis / thue ſie in einen Mörſchel/ vnd zuſtoß ſie mit Alaun/ vnd drucke darnach den Safft durch ein Tüchlein /ſolchen Safft nim mit ſampt dem Grünſpan / ſo viel du wilt / auff einen Stein/ reib das wol durch einander / vnd temperirs mit Gummiwaſſer. Ein

Ein andere.

Der nim die obbemelte Creutzber nach Michaelis gebrochen/
drucke die durch ein Tüchlein/
vnd thue den Safft in eine Schwemms
blasen / henge sie vber einen Ofen / vnd
lasse den Safft dürre werden. Darnach
nim davon / so viel du wilt / vnd reibe jn
mit Grünspan/vnd Gummiwasser/wird
auch eine schöne Graßgrüne Farb/damit
zu schreiben/ Wo du aber den Safft von
bemelten Beeren nicht haben magst / so
nim Bleygelb/thue den vnter den Grün-
span/ vnd reibe das auff einem Stein/
mit Gummiwasser temperirt / wird auch
eine schöne grüne Farbe / damit man
schreiben mag.

Vnd vorgemelter D. Matthiolus
von Sena schreibet/ 1. Buch 39. Cap.
Man sol Wegdornbeer vnd Creutzbeer/
so sie zeittig vnd schwartz worden nemen/
die haben inwendig einen grünen Safft/
welchen auch die Maler gebrauchen/den
sol man mit Laugen / darinnen Alaun
gesotten/ vermischen/so wird daraus eine
lustige

lustige safftgrüne Farb/ damit man auch Pergament vnd Pappier ferben kan.

Ein andere.

Der nim Nachtschatten Bletter/ vnd Weinrauten/ vnd stoß es wol zu Safft/ in einem Möschel/ darnach seihe jn durch ein rein Tüchlein/ mit Alaun vnd Gummi temperirt/ ist auch damit zu schreiben gut.

Man mag auch alle Farben/ wie die genant werden/ mit einem schlechten wasser/ vnd zwey oder drey Tropffen Honig/ gantz wol abreiben/ Darnach die in Muschel gethan vnd frisch Wasser darauff gegossen/ vnd rein abgeleutert/ wie die Metal dergleichen geleutert werden/ Alß denn temperir die Metalfarb mit Gummiwasser/ vnd schreib damit/ wird schön.

Pergament vnd Pappier/
wie man das auff mancherley Farb ferben sol.

JTtü Pergament vnd Pappier auff mancherley Farbe ferben/ so

ſo nim das Pergament/ vnd nagele es
gantz wol vnd starck/ mit allen örten auff
ein ſchlecht Bret an/ das die ebene ſeite/
auff der die Haar geſtanden/ heraus kom-
men/ Als denn nim deine zugemachte
Farbe/ ſtreich die mit einem Penſel hin-
auff/ zwey oder dreymal/ durch gelegen-
heit/ wie es die erfordern wird/ ſo lang
dichs düncket ſchön genugſam zu ſein.

Schwartz Pergament oder Pappier zu machen.

Nim für drey Pfenning Kin-
rauch/ oder ſo viel du wilt/ vnd ſe-
tze es mit wenigem Waſſer in einem Topff an ein Fewer/ laſſe es auffſie-
den/ biß du den Kinruſt haſt vnter ge-
rührt/ Darnach thue darein ein Lot
Gummi tragantum/ vñ ein dünne Leim-
waͤſſerlein/ vnd ferbe damit Pergament/
oder Pappier/ wird ſchön ſchwartz.

Oder reib den Kinrauch auch auff
einen Stein/ mit Bier oder Coſent ein/
Darnach thue es in ein Heſelein oder
Topff/ laß jn trucken werden/ Nach dem
geus

geus ein schwach warm Leimwasser dar‍
an/ magst wenig Eyerklar dazu thun/ be‍
streich das Pergament vnd Pappier/ wie
oben/ wird auch schön schwartz. Wenn
du darauff schreiben wilt/ so fahr mit ei‍
nem schwartzen Harres Leplein zuuor/
ein mal oder drey/ darauff hin vnd wider
gerieben/ wird dauon fein schlecht/ vnd
ist darauff zu schreiben gut.

Gelbe Farb.

Im Creutzber von einem Hagen‍
dorn/ die acht tage vor Laurenti
gebrochen sollen werden/ stoß sie
in einem Mörscher mit Alaun/ Wiltu sie
aber schön gleissend haben/ so thue ein
wenig Gummi Arabicum/ der gestossen
ist/ in den reinen lautern Safft/ als denn
ferbe damit Pergament vnd Pappier/ es
wird schön gelb.

Oder brich die Creutzbeer/ wie jetzt
genand/ vnd derre sie aber in der Sonne/
oder auff dem Ofen/ wenn du sie haben
wilt/ so nim ir ein Hand voll/ vnd thue
sie in einen newen Topff/ siede sie sehr
wol/

wol / ein viertel Stunde / mit einem gutem Weineſſig / thue darein geſtoſſen Al-
laun / Vnd iſt auch gut / damit Pappier
vnd Pergament zu ferben.

Rothe Farb.

NJm ein gut roth Praeſilgwaſſer /
wie vorne angezeigt / beſtreich das
Pergament vñ Pappier / zu zwey
oder drey mal / biß dichs dünckt roth
gnug zu ſein.

Oder nim die Ruberica / oder die rothe Farbe / wie vorn angezeigt / reibe ſie
zum erſten gantz klein auff einem Stein
mit lauterm Waſſer abe / laß ſie trucken
werden / Darnach nim ein dünne Leim-
weſſerlein / thue darein die obgeriebene
Farbe / zurürs mit einem Finger / vnd trage ſie auff mit einem Penſelein / biß ſo
lang dichs dünckket ſchön gnug zu ſein.

Oder lege Gummi tragantum in ein
Regenwaſſer / laß es zugehen / zween Tag
vnd eine Nacht / mit ſolchem Waſſer temperir die obgeriebene Farb / vnd ferb damit wie bericht / Oder nim Eyerklar vnd
ein ſchwaches Leimwaſſer / thue darunter

eer die obgeriebene Farbe/ vnd ferbe damit/ wird auch schön.

Grüne Farb.

Nim Grünspan/ vnd von Creutzberen den Safft/ Reibs mit einander / auff einem Stein gantz wol/ vnd temperirs mit einem reinen Leimwasser/ nicht zu starck/ ferbe damit/ wird schön.

Oder nim schwartze Creutzberen/die vmb Michaelis sollen gebrochen werden/ darzu auch Nachtschatten/ zustos es zusammen/ in einem Mörscher/ vnd siede sie so grün mit einander/vnd thue ein wenig gestossen Alaun darunter/ vnd ferb damit/biß es schön wird. Wiltu sie aber gleissent haben/ so thue Gummi darein/ vnd ist auch gut damit aus der Feder zu schreiben.

Oder nim Bergk grün/ vnd Grünspan vnter einander wol gerieben / mit einem Leimwasser auffgestrichen/wird eine liebliche Farbe/ vnd stehet gantz wol.

Oder nim Creutzbeer vmb Margaretha gebrochen/ vnd praeparire sie mit

C solcher

solcher temperatur/in massen wie bey der
Blawen Farb von den Heidelberen ge=
macht/ hiernach folgend angezeigt wird/
Alleine das du den Safft dauon außbres=
sest/ vñ thue denselben in eine Schweinß=
blasen/vnd heng es in die Lufft/vnd wenn
du jr haben wilt/ so gebrauche sie/wie da=
selbst klerlich bericht ist.

Blawe Farb.

Im Oelblaw oder liechtblawen
Lasur / in ein rein Leimwesserlein
gethan / vnd vntergerührt / vnd
wenn du mit ferben wilt / so bestreich das
Pergament zuuor mit einem grund an/
laß es wol drucken werden/ Darnach ferb
das Pergament mit der Blawen Farbe/
gantz eigentlich/ mit einem reinen Pensel
an / so wird es schön vnd hübsch Blaw/
darauff man schreiben kan.

Oder nim vier Maßkannen reiffe
Heidelber / thue die in einen grossen Asch
oder Mörscher/ vnd zerreibe sie mit einer
Reibkeulen/ vnd thue darunter ein halb
viertel eines Pfundes klein gestossen A=
laun/ vnd reibs wol mit einander/ biß es
dicke

dicke wird/Darnach thue es in eine Mulen von einander/vnd laß es dürre werden. Vnd wenn du solcher Farb gebrauchen wilt/nim jr/vnd temperir sie mit einem dünnen Alaunwesserlein/damit kan man die Bücher auff dem Schnid schön Blaw anstreichen/vnd ferben. Wiltu aber damit Pappier vnd anders Blaw ferben/temperir die Farbe mit einem reinen dünnen Leimwesserlein/darauff man wol schreiben mag. Wiltu sie liechter haben/reibe ein wenig Bleyweis oder eine reine Kreide darunter.

 Vnnd D. Matthiolus von Sena schreibet/1. Buch 69. cap. Man sol Safft von Heidelbeern mit Alaun vnd Gallöpffel vermischen/gibt eine Blawe Farbe zum Brieffmahlen.

 Weiter 4. Cap. 149. Holdersafft von den Beern genommen/vnd ein wenig Alaun darzu gemischt/wird eine gute Blawrothe Farb/so die Schüler vnd Kinder zubereiten/vnd gebrauchen/vnd dieselbe aus der Feder schreiben.

    C ij   Brau-

Braune Farb.

Eissen Gallitzen Stein nim/zerstoß den/ vnd thue jn in ein gut Presilgwasser/ die zuuor abgesotten ist/ vnd laß es zimlich sieden/ wird eine schöne Braune Farbe/ dienet auch wol damit zu schreiben/wen̄ wenig Gum̄mi Arabicum darein gethan wird/ vnd gebrauch sie/ wie offt angezeigt.

Wenn du nu mit Farben/ sie sey grün/ gelb oder roth/ auffgeferbet Pergament geschrieben hast/ So nim nach deines gefallens vnd wolmeinunge/einen dünnen Malerfirnus genant/ vnd bestreich solche Schrifft vnd Pergament/ darauff es geschrieben/ mit einem reinen Finger dünne an/ setz sie an ein stat/ da wenig Staub verhanden ist/ den Sommer in die Sonne/ den Winter bey den Ofen/ vnd laß trucken werden/ wird fein gleissend/ vnd schön glantz.

Wie man Federn auff mancherley Farb ferben sol.

Jltu Federn roth/grün/schwartz braun/ vnd gelb ferben/ so schab die

die Herlein fein ab/ mit einem scharffen
Messer/ vnd die heutigen von den Rören
dergleichen/ Darnach schneide jnen ab
die Spitzen/ wische die Federn mit einem
wüllen Tüchlein/ vnd lege sie 12. stund
in Alaunwasser/ in eine Multer/ ehe du
ferbest/ thue sie denn heraus/ vnd laß sie
trucken werden/ Wenn das geschehen/
als denn richte die Farbe zu/ vnd thue/ wie
folget.

Schwartze Federn.

Jede sie in Gallus/ der gestossen
ist/ mit gutem scharffen Wein-
essig/ Lasse zuuor den Gallus vnd
Essig auff sieden/ ehe du die Federn darein
legest/ ꝛc. Wenn sie auffgesoden haben/
so nim sie heraus/ vnd lege sie nach deme
in Eyerweis/ die mit Safft von Welschen Nußschalen temperirt ist/ wende sie
vmb/ mit einer Hand durch einander/
Darnach thue sie wider in jr obbemelt
Wasser/ vnd laß sie sieden/ aber nicht
lang.

Grüne Federn zu
machen.

C iij   So

So nim 6. Loth Grünspan / vnd 2. Loth Salarmoniac / temperir es mit gutem Weineſſig / vnd reib es wol durch einander auff einem Stein / thue die Materi in ein Küpffern Becken / gieſſe mehr Eſſig daran / als denn thue darein die Federn / wende ſie offt vmb / biß ſie ſchön gnug ſein.

Oder ſiede ſie in obbemeltem grünen Waſſer / von den ſchwartzen Creutzberen / die vmb Michaelis ſollen gebrochen ſein / Vnd Nachtſchatten werden auch ſchön grün.

Rothe Federn.

So die Federn zuuor in Alaunwaſſer / gleich wie zu allen Farben / gelegen haben / thue ſie darnach in ein Preſilgen / vnd ſiede ſie / wie vorne in der Preſilg angezeigt.

Braune Federn.

Nim die Federn / vnd ſiede ſie in der Preſilgen / vnd mit dem Galitzenſtein / wie vorne bericht.

Gelbe

Gelbe Federn.

Sjede sie in dem Waffer/ von den dürren Creutzberen/ wie ich denn oben angezeigt vnd gelehret habe. Wenn du nu die Federn auff alle Farbe/ wie jetzt angezeigt/ geferbet hast/ vnd die trucken worden sind/ so nim eine nach der ander/ vnd bestreich sie dünne/ zwischen zweyen Fingern/ mit Malerfirnus/ stecke sie von einander/ an einen ort/ da es nicht staubig ist/ vnd laß sie trucken werden.

Wie alle Metallen/ als Gold/ Silber/ Kupffer/ Messing/ Zihn/ Stal/ vnd Eisen/ aus der Federn zu schreiben/ bereit vnd temperirt werden.

Folget:
Wie man Saltz zu den Metallen bereiten sol.

Nim

NIm Saltz in einen newen Nap / hart eingestopffet / vnd setze es in eine Glut / das der Nap sampt dem Saltze gantz glüet werde / Nim es darnach aus dem Fewer / laß erkalten / Vnd das Saltz ist scharff vnd gut / damit alle Metallen gerieben werden.

Vnd so du nu Metallen reiben vnd praeparirenn wilt / so nim das obbemelte Saltz / einer Haselnus gros oder mehr / thue die Metallen darzu auff einen Reibstein / vnd reib die mit Gummiwasser / vil ein Tropffen oder drey Jungfraw Honig gar klein / darnach nim die ab vom Stein / in eine Muschel / vnd leutere sie mit warmen Wasser / einmal oder vier / oder mehr / in eine andere Muschel / das Saltzwasser rein abe / Darnach leutere mit Brunwasser / biß die Metallen gantz rein zu Grunde ligen / auch das schwartz gar abgangen / vnd das Wasser lauter auff den Metallen ist) als denn geus das Wasser rein von den Metallen / vnd temperir sie mit einem dünnen nicht zu starckem Gummiwasser / vnd schreib damit /

Lasse

Laſſe die Schrifft wol drucken werden /
vnd polirs mit einem Zan / gegen der
Werme / Den Sommer in der Sonne /
vnd den Winter bey dem Ofen / ſo wirds
ſchön Glantz.

Mit Gold oder Silber
zu ſchreiben.

Item nim das obgemelte Saltz /
einer Haſelnus gros / oder mehr /
auff einen Reibſtein / geus Gum̃i
miwaſſer daran / vnd reibe das durch ein
ander / Darnach lege Gold oder Silber /
12 oder 14. Blat darein / ꝛc. Oder nim
bey einem Goldſchlager Abſchniede von
Gob oder Silber / da kömpt man leicht-
liche darzu / vnd thue es darein / vnd reibe das wol / drey oder vier Stunden / oder
lenger / vnter einander gantz klein / ſo das
geſchehen / als denn thue es vom Stein /
in ein Muſchel / vnd geus warm Waſſer
daraff / rühre es ſeuberlich mit der Feder
vmb / ſo zerſchmiltzet das Saltz / vnd das
Gold vnd Silber fellet zu Grunde. Darnach geus das Saltzwaſſer rein von dem
Gold vnd Silber ab / vnd geus wider
friſch

frisch Wasser daran/ Rühre es abermal
vmb/ vnd laß sich das Gold oder Silber
wider zu grunde setzen/ das thue vier oder
fünffmal/ so lang das Wasser rein vnd
helle/ auff dem Gold vnd Silber stehet/
Das Wasser thue rein ab/vnd temperirs
mit einem dünnen Gummiwasser, rühre
es vmb wie oben/ vnd schreib damit/wird
gantz schön/ poliers mit einem Zan/ weil
es trucken worden ist/gegen der Werme/
in der Sonnen/ oder bey dem Ofn.

Eine Silberdinte.

Nim ein oder zwey Loth Queck-
silber/ vnd geus einen guten starcken Essig daran/ vnd ein venig
vngeleschten Kalck/ vnd thue es zsam-
men in ein Glas/ setz es auff eine kleine
Glut/ biß es zergehet/ so hastu ein gute
Federdinten/ die da sihet wie Silbr/wil-
tu es Goldfarb haben/ so thue einwenig
Saffran darein.

Ein andere.

Nim ein Loth Zihn/ vnd in Loth
Wißmath/ las es zergehn/ thue
darzu ein Loth Quecksilbr/ rühre es

re es wol vnter einander / biß kalt wird /
Darnach zerstoß es in einem Mörscher /
vnd reibs auff einem harten Stein / mit
solcher Eigenschafft / wie oben angezeigt /
als denn schwemme es / wie die Metallen
geschwemmet werden / darnach temperirs
mit Gummiwasser / schreib damit / lasse
die Schrifft trucken werden / darnach po=
lirs mit einem Zan / so hastu eine feine
Silberdinte.

Güldene Buchstaben.

Jm Weinessig vnd Salarmoni=
ac / temperir es durch einander /
vnd schreib damit / Darnach so
schreib es zu dreymalen mit dem saffran /
hastu hübsche Goldfarbe Buchstaben / ꝛc.

Mit Messing zuschreiben.

Messing genoissen / bekömpt man
bey den Rothgiessern / redere den
durch ein Hartüchlein / oder
Harsieblein / Darnach nim das Kleine /
vnd thue das auff einen harten Reib=
stein / mit obbemeltem Saltz vermischt /
geus Gummiwasser daran / vnnd reib
es so lange nacheinander / biß es klein
gnug.

gnug ist/ Darnach thue es in eine Muschel/ vnd schwemme oder leutere es rein mit warm Wasser/ das Saltzwasser ab/ als denn mit Brunwasser/ wie oben angezeigt/ biß das Metal rein vnd lauter zu grunde ligt/ Geus ab das Wasser/ vnd temperirs mit Gummiwasser/vnd schreib damit/ Lasse es wol trucken werden/ vnd polirs wie oben. Oder nim einen harten Wetzstein/ vnd reib die Metal darauff in ein Becken mit Wasser/vnd thue es denn in ein Muschel/vnd temperirs mit Gummiwasser. Wiltu/ das es fest stehen sol/ so thue ein wenig Gummi Cerasorum in das Gummiwasser/ vnd schreib damit/ Darnach polirs mit einem Zan/ so wird es hübsch planck.

Mit Kupffer/ Zihn/ Stal/
vnd Eisen zu schreiben.

Wiltu mit Kupffer/ Zihn/ Stal/ vnd Eisen schreiben/ so nim solche Metal/ ein jegliches insonderheit/ vnd zufeine das mit einer kleinen Feile auffs kleinest/ Darnach redere es durch ein Harsieblein/ deßgleichen thue mit

mit allen/deñ sie gar einerley zubereitun-
ge haben/ ꝛc. Nim das kleine/ mit sampt
dem Saltz/thue es auff ein Reibstein/mit
Gummiwasser/ vnd halt dich mit dem
reiben vnd leutern/ wie bey dem Messing
vnd andern gnugsam angezeigt/als denn
temperirs mit Gummiwasser/schreib da-
mit/ laß trucken werden/Darnach polirs
mit einem Zan/ so wirds hübsch glantz/
Deßgleichen thue auch mit den andern.

Mit Wißmath zu
schreiben.

Item / Nim Wißmath in ein Ei-
sern Löffel/ vnd halte den vber
ein Fewer / vnd laß jn zergehen/
vnd so der zerschmoltzen ist / wirff darunter ein klein stücklein Speck/ der verbrent
den Vnflath/ Vnd so das außgebrent
hat / laß jn kalt werden/ vnd thue jn darnach in ein Mörscher/ vnd zerstosse jn
auffs kleinest. Wenn er wol zerstossen ist/
so nim jn darnach/ vnd thue jn auff einen Reibstein/ mit offtgedachtem Saltz
vnd Gummiwasser/ vnd reib jn wol vier
Stunden nach einander/So das gesche-
hen/

hen/thue jn in ein Muschel/vnd schwem
me jn mit warmen Wasser/biß das Saltz
zerschmiltzet/ vnd abgeleutert wird/Dar
nach leuter jn mit Brunwasser gar rein/
biß die Metal oder Wißmath weis zu
grunde ligt / vnd das Wasser/ wie ange
zeigt / lauter ist / vnd temperirs als denn
mit Gummiwasser / vnd schreib damit/
Laß die Schrifft wol trucken werden/vnd
poliers in der Werme gegen dem Ofen/
oder in der Sonnen mit einem Zan.

Nota.

Alle Metallen / so mit Saltz gerie
ben werden / soltu vber Nacht im
Saltz nicht ligen / oder stehen las
sen / Denn die Metallen verrusten/ vnd
das Saltz macht sie zu nicht / Vnd das
soltu in sonderheit vleissig bey diesen stü
cken mercken.

Eine gar schöne Kunst/
wie man Gold vnd Silber mit
Behendigkeit künstlich zum
schreiben bereiten sol.

Zu

Zu einem gemalen Gold/ nim einen reinen Reibstein / vnd einen Oberstein/ Für den Oberstein aber/ soltu ein Distilirkölblein / der etwa zwo / mehr oder minder/ ein Kanne halten / nemen/ stoß dasselb in vier oder fünff theil/ Nim der theil eins / das vnten eine halbe Kugel hat / damit zermalme oder zerreibe das Gold oder Silber/ auff dem Stein/ wie hernach klerlich angezeiget wird.

Wie man den Gummi zubereiten sol.

Nim den besten Gummi Arabicum / der fein rein vnd durchsichtig ist / leg jn in ein rein Wasser/ vngefehrlich ein viertel Stunde / oder nicht so lange/nim jn heraus/vnd wasche jn mit reinen Fingern / so reibt sich das erste Heutlein ab / Darnach geus ein ander rein Wasser daran / vnd laß jn in einer Nacht zergehen / vnd muß aber des Wassers nicht viel nemen / auff das der Gummi wie ein flüssig Oel bleibt / so ist er gerecht vnd gut.

Wie

Wie man den Salpeter
reinigen sol.

Nim ein verglasurt Tigelein/ und thue das halb voll/ oder wenig mehr Salpeter/ und setz es uber eine Glut/ laß es zugehen/ schewme das unsaubere oben mit einem Hölzlein herab/ laß kalt werden/ so setzt sich das schöne zu Grunde/ das nim und schab es mit ein Messer/ oder zustos in einem Mörscher gar klein/ Must aber in sonderheit/ wenn du den Salpeter zu der Glut setzest/ gut achtung haben/ denn es mißlich und gefehrlich für zu sehen ist.

Vom reiben.

Nim ein Loth des zubereiten Salpeters auff den Reibstein/ und geus darauff ein wenig Gummiwasser/ Rürs mit obgedachtem Kölblein unter einander/ bey einer viertel oder halben Stunde/ biß es wird wie ein Müßlein. Darnach nim bey einem Goldschlager/ für ein Ort des Talers/ feine güldene Bletlein/ oder abschnidlein/ und thue
ein

ein Bletlein nach dem andern darauff/
vnd reibs mit dem Kölblein vnter das
Mühlein. So du nu alles Gold vnter
diesen Brey vermischt/vnd zerrissen hast/
als denn rühre diesen rothen oder gelben
Brey/ bey vier Stunden oder lenger/
wenn mans klein wil haben/vnter einan-
der/ je lenger/ je besser es wird/ vnd hast
also ein zermalmen oder ein zerrissen vnd
nicht ein Hand reiben.

Wie man nu das Gold oder
Silber leutern oder schwem-
men sol.

WEnn nu also das zerrissen ge-
schehen/ ist von nöthen/ das
man habe zwo oder drey gle-
se Schwemschalen/ vnd ein warm Rören-
wasser/ thue den gerieben putzen Gold-
oder Salpeters in ein Schwemschalen/
geus ein wenig warm Wasser daran/
treib jn mit einem Finger/ oder Harpen-
selein/ von einander/ Darnach geus die
Schale voll warmes reines Wassers/
vnd rührs mit einem Harpenselein von
einander/ Darnach geus wol auff/ vnd
D   laß

laß ein viertel Stunde stehen / so legt sich
das Gold an boden / vnd wird der Salpeter vnd Gummi zu einem Wasser / darnach so geus das Wasser seuberlich ab / so
findestu das Gold am boden. Diß Gold
magstu noch ein mal 3. oder 4. schwem-
men / von einer Schalen oder Muschel
in die ander / Letzlich thue das Gold mit
einem reinen Penselein / in ein sauber vnd
rein Muschlein / vnd wenn du damit schreiben wilt / temperirs mit Körenwasser /
vnd nicht mit Gummiwasser / rc.

Solche schöne künstliche Zubereitung
von Gold vñ Silber / wil ich einem jeden
insonderheit / neben andern subtilen Kunst-
stücken / trewlich befohlen haben / rc. Vnd
hernach folgend / wil ich eine Anweisung
fürgeben / wie alle Metallen / ohne alles
Handreiben / sollen zum schreiben prae-
parirt werden.

Ein Wasser zu machen /
darinnen alle Metallen zu Puluer werden / vnd darnach schön
aus der Federn zu schrei-
ben sein.

Nim

Nim 6. Loth Saltz / 1. Loth Sal Armoniac / 1. Loth Sal alkali / 1. Loth Grünspan / 1. Loth Federweis / 1. Loth Victril / Vnd 1. Loth Alaun. Diese Stücke thue in ein Mörscher / stoß die gantz klein / darnach thue das Puluer in ein Glas / vnd giesse Menschenharm darauff / vnd mach das Glas oben fest mit Wachs zu / laß es also stehen / biß auff den neunden Tag / so wird ein schön grün Wasser daraus / dasselbig Wasser bewar wol / vnd wenn du mit der Metal schreiben wilt / so schütte oder thue die Metal / welche du haben wilt / darein / die wird zu Puluer / Darnach geus das Wasser rein von dem Puluer in ein ander Glas / vnd nim das Puluer aus dem Glas / thue das in ein Muschel / vnd leuter es / Darnach temperirs mit Gummi wasser / vnd schreib damit / wird schön blanck / wie ein Spiegel.

Die Metallen auff Holtz zu schreiben.

Bereit vnd temperir die Metallen / wie auch oben angezeiget ist. Aber

D ij   das

das Gummiwasser mus starck gemacht
werden. Derhalben so thue ein halb Loth
Gummi tragantum darien/ so helt es fest
am Holtz/ darnach pollier das mit einem
Zan/ so wird es schön blanck.

Wie man Gold oder Silber/
auff Glaß oder Harnisch schreiben oder malen sol.

SO nim das Gold oder Silber/
wie ich oben das zubereiten gelert
habe/ Aber du solt nicht Gummiwasser dran giessen / Sondern nim ein
halb Loth Scheidewasser / vnd ein halb
Loth Safft/ der von Kirschblüt gemacht
ist/ Gens beydes zusammen/ temperir das
Gold vnd Silber damit/ male oder scheib
damit/ auff Glaß oder Harnisch/ vnd laß
wol trucken werdē/ so wird es gantz schön.

Ein anders.

NIm ein halb Loth Scheidewasser / vnd wirff darein ein Quene-
lein Sal alkali/ so wird ein grün
Wasser dauon / dasselbige Wasser gebs
an das Gold/ vnd nicht Gummiwasser/
vnd

vnd schreib damit auff Harnisch/ oder
Glas/ so beisset sich das Gold darein/
vnd wird gantz schon.

Eine Temperatur/ damit alle Wasser temperirt werden.

ZV der Temperatur nim zwey Loth
Gummi Arabicum/ vnd ein Loth
Gummi Cerasorum/ lege die zwey
Gummi in ein Schüsselein/ vnd geus
lauter Wasser vber die Gummi/ eines
Fingers breit/ vnd laß das einen halben
tag stehen/biß die Gummi wol zergangen
sind/vnd weich worden/Als denn zerreib
den Gummi mit den Fingern wol im
Wasser durch einander vmb/ thue ein
kleine Nußschalen voll Honigs dazu/vnd
ein Eyerschale voll Essigs in das Wasser/ das alles wol vnter einander vermischet wird/ Darnach seihe es durch ein
rein Tüchlein/ das Wasser in ein Glas
zu behalten/ ab/ Diß Wasser sol sein so
dicke/ als wie ein Oel/ denn es ist gut zur
Temperatur zu allen Farben/ Vnd man
kans wol ein halb Jahr in einem Glas
frisch behalten.

Weis Pergament / wie man das zum schreiben pinsiren vnd bereiten sol.

Nim ein Rüthlein oder Stecklein / vnd breit aus das Pergament / klopffe damit den Kalch aus / Nach dem nim ein Scharff Messer / vnd schabe den Kalch reine gegen den Haaren (auff der Seite / da die Haare gestanden) auff / Klopff abermal die Haut mit dem Steblein den Kalch abe. Darnach nim einen Filtz oder wüllen Lappen vmb die Hand / vnd bestreich damit das Pergament ober all wol / schab abermal mit dem Messer / wie oben / vnd reib mit dem wüllen Tuch / Als denn nim weissen Pimßstein / vnd pinsir damit das Pergament / vnd steube ein wenig den Staub wider mit dem Rüthlein / wie oben / ab / Darnach ist es drauff zu schreiben gut.

So aber das Pergament im schreiben fliessen wil / denn nim Eyrschalen / die rein gewaschen / vnd gederret sind / zerstoß oder zerreib die / wie ein Mehl / Darnach nim ein wüllen rein Leplein / vnd bestreich

ſtreich damit das Pergament wol / iſt gut
vnd lieblich darauff zu ſchreiben.

Oder man mag bald nach dem pinſiren / ſolchs auch thun vnd gebrauchen/ ſtehet zu deinem gefallen.

Das Pappier nicht
durchſchlecht.

Spricht D. Matthiolus 1. Buch/ Cap. 26. Sol man nemen truckenen Firnes / Sandaraca genant / das Pappier damit beſtrichen / leſt die Schrifft nicht durchflieſſen.

Denn vor zeiten haben die Alten auff Birckenbaums weiſſe Rinden geſchrieben / ehe denn die Lumpen zum Pappier ſind erfunden worden.

Das die Meuſe oder Würme
die Schrifft nicht freſſen.

Ehrgedachter D. Matthiolus von Sena ſchreibet / 3. Buch/ Cap. 23. Man ſol Wermuth in Waſſer ſieden/ oder einweichen/ daſſelbe in die Dinte gieſſen / vnd gebrauchen/ ſo zernagen die Meuſe oder Würme nicht die Schrifft. Gleiche Krafft hat auch der Safft. Wie

Wie man Fundamentgründlein/darauff Gold vnd Silber zu legen/præpariren vnd bereiten sol.

Ein Gold oder Silber Grund.

NJm Kreide / vnd brenne sie / darnach reibe sie auff einem Stein/ mit Leim/ vnd zwey tropffen Honig gantz wol/ vnd schreib damit / laß die Schrifft trucken werden / Nach deme schabe die Schrifft seuberlich / vnd nim denn ein Penselein / stoß es in lauter Wasser / trucks Wasser wider aus / vnd vberstreich die Schrifft / mit dem feuchten Penselein / als denn lege das Gold drauff/ vnd drucke es mit einem Zan wol auff das Fundament / das es hafft / denn polirs mit dem Zan / so wirds schön glantz vnd fein.

Ein bessern.

GVmmi Armoniacum / nim ein Loth / zerreib in auff einem stein/ thue daran einen guten Essig / darnach

darnach zwey tropffen Honig / vnd reib es / biß so lange der Gummi weich worden / Wird er sich aber im reiben blettern / so thue jn in ein Scherblein / setze jn auff ein glüent Köllein / oder in ein Kachel / laß jn zergehen / aber nicht zu heis werden / Vnd so er wider kalt worden / nach deme schreib damit auff Pergament vnd Pappier / laß die Schrifft trucken werden / darnach hauche auff die Schrifft / vnd lege auff das Gold oder Silber / mit einem Grifflein auff das Fundament / drucke es mit einem Zan oder reinen Finger / das Gold oder Silber auff / vnd fahr darnach mit einem reinen Hasenfüßlein / seuberlich auff dem Golde her / Kehre das fein vnd rein abe / wird schön / Denn ich diesen Grund zum mehren theil in meinen Schrifften vnd Proben gebraucht vnd genützet habe.

Ein andern guten Gold Grund.

Im ein Nössel Naumburgisch oder Wurtzisch Bier / setz es zum Fewer / laß es ober die helffte oder halben

halben theil einsieden / scheume es wol/ das die Feuchtigkeit daraus kömpt/ geus wider so viel Bier daran / als zuuor / laß abermal/wie gemelt/ einsieden/ vnd thue das also zum dritten mal / vnd wenn es wider vber die helffte eingesodten ist / vnd etwa ein wenig mehr denn ein halb Nössel halb bleibet / vnd noch zimlich warm ist / thue als denn darein fünff oder sechs Loth Gummi Arabicum/ des reinen vnd besten/ der fein klar vnd durchsichtig ist/ vnd ein wenig Encien/ so fressen die Fliegen den Grund nicht / laß kalt werden/ so hastu einen guten Silber vnd Goldgrund/ der billich vnd fein aus der Feder gehet.

Wie man mit diesem Goldgrunde schreiben sol.

Wiltu mit Golde schreiben / so thue ein wenig Saffran in den Goldgrund/Wo aber mit Silber: Laß in an sich selbst bleiben. Ist der Grund zu dicke / geus ein wenig gesotten Bier darein / Wo aber zu dünne/ Laß in besser

beſſer ſieden / Der Gummi vnd Enclan
mus nicht geſotten werden / Vnd iſt ein
ſchöner Silber vnd Goldgrund / darauff
du das Gold oder Silber / wie gemeldet /
legen magſt / vnd leſt ſich wol mit einem
Zan poliren / vnd bleibet gantz beſtendig.
Denn dieſer Grund verdirbet auch nicht.
Wenn er lang geſtanden / vnd hart wor=
den iſt / vnd wilt jn gebrauchen / ſo greus
ein wenig wolgeſotten Bier daran / das
warm iſt / ſo zergebet er widerumb / vnd
iſt damit zu ſchreiben gut.

Ein ander faſt köſtlicher vnd
guter Goldgrund / damit man auch
ſchreiben / vnd darauff vergül=
den mag / wie oben
bericht.

Nim ein Loth Gummi Serapini /
1. Loth Gummi Armoniacum /
1. Loth Gummi Arabicum / vnd
ein wenig Bolus Armeni / die drey Gum=
mi thue in ein Töpfflein / vnd geus ein
Eſſig / der da ſawer iſt / vber die Gummi /
laß es ein wenig ſieden / das die Gummi
zergehen / den Vnflath ſcheume hinweg /
Darnach

Darnach thue es auff einen Stein / vnd
thue mehr Bolus Armeni darunter/ vnd
reibs mit einander/ Wenn er gerieben ist/
so thue es in ein Gefes / temperirs mit
mehr Essig/ vnd schreib damit/ laß es wol
drucken werden./ so du das Gold aufle-
gen wilt/ hauche auff die Schrifft/ trage
das Gold auff / vnd thue in massen / wie
jetzt bericht.

Ein Gold Funda-
mentlein.

Nim ein Ochsengall/ vnd thue ein
wenig mehr halb so viel Bier da-
zu/ lasse es durch ein ander einsieden / mit zween Pfennig Gummi Arabi-
cum/ vnd vermisch es mit ein wenig Saffran / vnd schreib damit/ Thue als denn
wie mehr bericht.

Ein Silber Grund.

Wie jetzund angezeigt/ den Goldgrund zu machen/ Also wird dergleichen der Silbergrund auch
gemacht werden/ aber den Saffran thue
nicht hinein / so ist er auch köstlich vnd
gut.   Ein

Ein ander gar köſtlich vnd gut
Gründlein / damit man auff Tuch /
Pergament vnd Pappier ſchreiben / vnd darnach ver-
gülden mag.

Gummi Seraphin.
Gummi Arabicum
Gummi Armoniacum.

Eins ſo viel als des andern / mit Eſſig an-
gemacht / man mag jn auch ein Bleyweis
oder ein ander Ferblein geben / damit es
nicht ſo gar durchſichtig iſt / wol auff einem Stein gerieben.

Gebrauch.

Schreib damit / laß truncken werden /
darnach legs an einen feuchten ort / vnd
vergülds / laß widerumb trucken werden /
vnd wiſche das vbrig Gold / mit einer
Baumwollen / oder Haſenfus abe.

Ein Fundament / Bücher
zuuergülden.

Jm Bleyweis / Saffran / vnd
Knobloch ſafft / zerreib das mit
Eyerweis / vnd thue darzu ein
wenig

wenig Gummiwasser/ wenn diß also verfertigt ist/vnd das Buch in der Breß ligt/ so streich diß Fundament darauff/ vnd wenn es gar nahe trucken ist/ blas darauff. Das Maler Gold laß gar trucken werden/ vnd polier es mit dem Zan/ so wird es gantz schön.

Wie man Eyerklar bereiten sol.

Jm ein Ey/ vnd schlage dz an einem ort auff/ vnd thue das weisse in eine reine Schüssel/ oder Köppigen/ vnd nim einen reinen Schwam/ vnd drucke das Eyerweis ein mal oder etlich dadurch/ biß das es gleich wie ein Wasser wird/ Mit dem magstu auch den Gold oder Silbergrund/vnd ander ding temperiren/ ?c.

Grün Siegelwachs zu machen.

Jm Winter nim:
Ein halb Pfund new gelb Wachs.
6. Loth Terpetin.
2. Loth Baumöl.
1. Quentlein Grünspan.

Jm

Im Sommer nim:
Ein halb Pfund new Wachs.
4. Loth Terpetin.
1. Loth Baumöl.
1. Quentlein Grünspan.

Das Wachs las zugehen in einem Tigel/ als denn laß es stehen/ biß ein wenig küle wird/ Vnd thue den Terpetin vnd Baumöle darein/ vnd rühre es vmb/ Darnach thue auch den Grünspan darein/ vnd rühre es wol durch einander.

Wenn solches geschehen/ als denn nim die Form/ vnd mach sie naß/ vnd truckene die mit einem Schwamme aber giesse darein das Wachs/ vnd lege darnach die Form in kalt Wasser/ so gehet das Wachs von der Forme/ vnd ist recht gemacht.

Roth Siegelwachs zu machen.

Nim:
Ein halb Pfund gelb Wachs.
4. Loth Terpetin.
2. Loth gerieben Zinober.
1. Loth Baumöl.

Vnd

Vnd wenn du solch Wachs im Winter machen wilt / so mustu 6. Loth Terpetin nemen / Vnd handel damit in aller massen / wie oben nach der lenge bericht.

Schreib oder Eselßheute zu machen vnd anzustreichen.

Jm Schaffbeinigen rein gewaschen / Brenne die zu Puluer / vnd reibe sie gar klein / temperir dasselbe mit einem warmen Leimwesserlein / vnd bestreich damit / deines gefallens das Pergament / so wird es weis.

Wiltu es aber gelb haben / so vberstreich dasselbe mit einem gelben Saffran / vnd darnach mit einem gelben dünnen Danßker Firnus / vnd laß trucken werden / so hastu weisse vñ gelbe Schreibheute / darauff du rechnen vnd schreiben magst.

Folget dz Etzbüchlein / durch Andream Helmreich von Eißfeld / Rechenmeister vnd Stulschreiber zu Hall in Sachssen.

Wie

Wie man auff

Marmelſtein / Kupffer / Meſſing / Zihn / Stal / Eiſen / Harniſch / Waffen / Dergleichen gar künſtlich Etzen / auch darauff vergülden ſol.

Folget:
Auff Marmelſtein Etzen.

Iltu auff einen Marmelſtein etzen / ſo nim Lapis Emeditis / iſt roth / vnd ein harter Stein / Lege denſelbigen in Scheidewaſſer / darnach zerſtoß in klein in einem Mörſcher / vnd reib jn auff einem harten Stein zu einem Staube / Schwemme es wie ein Laſur / oder ander Metal / laß wider trucken werden / vnd reibs vnter gereinigten Leinöle / thue 2. oder 3. tropffen Firnus darunter / ſchreib damit auff Marmelſtein / laß trucken / Leg es auff einen Ofen oder heiſſen Hert / das es wol hart werde. Darnach

nach vmblege den Stein mit einem gelben Wachs/vnd etze auff den Stein/ Als nim ein theil Scheidewasser/gleich so viel Weinessig vnter einander/ geus auff den Stein/ so wird der Stein sieden/ Giesse es ein mal ab/besihe/ ob es tieff gnug sey/ Vnd es bedarff wol einer Stunde oder mehr.

Ein andere gute Etz auff Marmelstein.

Nim einen Marmelstein/ wol polirt/schreib darauff mit Druckerfirniß/ mit Leindl ein wenig dünn temperirt/damit man schreiben kan/was du wilt/ an Schrifften vnd Gemehlen/ wenn die schwartze Farb wol trucken ist/ Geusse darauff Scheidewasser/ vnd laß eine halbe Stunde oder lenger stehen/ so ist es geetzt/ vnd geusse darnach Wasser darauff/ vnd lesche die Etz abe/ Machs mit einem Lappen rein/ɛc. Darnach mache den Marmelstein warm / bestreich die schwartze Schrifft mit Hirschen Talg/ so erhebet sich die Oelfarbe/ vnd gehet abe/ɛc.

Dienst

Dienſtlich zum Etzen.

WJe man das Bleygelb oder Farbe zum Etzen præparirẽ ſol/ Als nim das Bleygelb/ reib es zum erſten mit einem lauter Waſſer wol ab/ darnach ſchwemme es mit friſchem Waſſer gantz rein/ Geus ab das Waſſer/ vnd laß die Farb trucken werden/ Vnd wenn du jr haben wilt/ damit auff Kupffer/ Zin/ Meſſing/ Stal/ Eiſen/ dergleichen zu ſchreiben/ ſo nim ſolche Farb mit Leinöl temperirt/ vnd getrieben/ vnd ſchreib damit/ vnd laß ſie wol hart/ vnd trucken werden/ ſo wird ſie gut.

Auff Kupffer/ Zihn/ vnd Meſſing Etzen.

NJm ein ſtücke Kupffer/ das glat gehemmert iſt/ ſchreibe oder male darauff/ was du wilt/ mit Bleygelb/ die mit Oel/ wie jetzund temperirt iſt/ Deßgleichen ein ſtück Zin oder Meſſing/ das da rein polirt/ glantz vnd eben iſt/ vnd laß es wol trucken werden/ Nach dem richte zu die Etze/ vnd nim:

E ij   Ein

Ein halb Loth Alaun.
1. Loth Grünspan.
1. Quentlein Saltz.
1. Quentlein Salpeter.

Diese Stücke reibe wol mit scharffem distilirtem Essig / vnd werme es wol ab mit glüenden Kolen / Darnach geus es mit einem Löffel auff / vnd werme es wider / das thue / so lange dichs dünckt tieff gnug sein. Vnd wie du jm weiter thun solt / halte dich ferner nachfolgendes Berichts.

Wie man auff Stal vnd Eisen etzen sol.

NJm ein stehelen Blech / das vom Platner auffs reinest gehemmert vnd polirt ist / Denn nim Bleygelb / temperirs mit Leinöle / wie oben gelert / das es aus der Feder gehet / vñ schreibe auff das polirte Blech / las es wol trucken werden / an der Sonnen / im Winter auff dem Ofen. Nim vngeleschten Kalck / den binde in ein Leines Tüchlein / vnd steube auff das Blech / vber die Schrifft / wische den Kalck mit einem Semischen Leder

Leder abe / das die Fettigkeit auff dem glantzen vom Oel wegkome/ Darnach mache ein gut Etzwasser/ Als nim:

 4. Loth Grünspan.
 4. Loth weissen Victril oder Gallitzenstein.
 1. Loth Salarmoniac.
 1. Loth Mercurium suplimatum.
 1. Loth Salpeter.

 Vnd diese Stücke alle durch einander in einen Mörscher gethan/ vnd klein gestossen/ thue denn die Species in einen verglasten Topff/ geus ein Kenlein sawren Vieressig darauff / vnd ein Nössel Bruntzwasser/ von kleinen Knaben/ Laß es eine Nacht stehen/ darnach laß die Etze heis werden/ doch/ das sie nicht siede/ geus die Etze vber das Blech / darnach setze sie wider zum Kolfewer / vnd laß sie warm werden/ das thue einmal oder achte/ so felt die Etze tieff in den Stal/ Wenn es nu gnug geetzt ist/ Nim ein rauch Federlein / streich den Vnflath seuberlich abe/ geus darnach rein warm Wasser darauff/ so gehets schwartz dauon/ wie Dinte. Hernachmals nim eine starcke Bürsten/

sten/ duncke sie in das warm Wasser ein/
vnd kratze oder wasche die Etze aus dem
Grund. Wenn es reine worden ist/ stäube
durchs Tüchlein vngeleschten Kalck darauff / vberstreich das Blech mit gebolter
faust/ vnd laß das Blech trucken werden/
Darnach hitze es vber das Kolfewer / bestreich das Blech mit Vntzlit oder Talg/
so hebet sich die gelbe Farbe auff / wische
das Blech mit einem wüllen Tuch abe/
Nim Kalck / vnd wische das Blech mit
Semischen Leder / so lange die Schrifft
gantz vnd schön werde / Thue also dergleichen / mit Harnisch vnd Waffen.

Ein sonderlich Auffmer-
ckunge bey dem Etzen.

Item/ Zum Eisen vnd Stal nim
Menschenharin/ Vnd zum Mes-
sing/ Zin vnd Kupffer/ guten di-
stilirten Essig.

Die Materien/ damit man etzet/ mus
gleich einem flüssigen Oel zubereitet werden / Darnach begeus das geschriebene
Blech / für vnd für warm / wie gelehret
ist.

Item/

Item / Eisen vnd Stal soltu drey viertel / oder eine Stunde etzen / die andere Metal vier Stunden nach einander / wische darnach die Farbe mit gestossen Kolen vnd Vnßlit / mit einem wüsten Lappen oder Hadern hinweg / vnd thue / wie oben bericht / ꝛc.

Folget / wie man ein Goldwasser auff Eisen / Stal / Harnisch / oder Waffen machen sol.

Erstlich nim:
Vierdthalb Loth Victril.
2. Loth Alaun.
Anderthalb Loth Gallitzenstein.
Ein halb Loth Federweis.
2. Loth Sal Jemma.
Ein Hand voll Saltz.

Diese Materi thue alle in einen reinen Mörschel / der nicht fett ist / vnd stoß es klein / Darnach thue es in einen newen verglasten Topff / geuß ein Kenlein rein flissend Brunwasser darauff / deck den Topff wol mit Pappier zu / vnd thue auch eine Stürtze darauff / setze es zu einem Kolfewer / laß es nicht die helfte einsieden / denn es wird sonsten zu starck / so es eine weile gestanden hat / Nim es vom Fewer / vñ wische vmb die Stürtze mit einem Höltz-
lein

lein abe/wenn es noch ein wenig/als ein Querfinger vber die helffte ist/ so ist es rechtschaffen gut. Darnach nims abe vom Fewer/ vnd laß kalt werden/ das sich die Species oder Materi zu bodem setze/wenn es gantz lauter worden ist/ so geus seuberlich abe / in ein Kolbglas / das Wasser/ je lenger es stehet/ je besser es wird.

Wie man nu mit dem Goldwasser arbeiten sol.

Das Blech oder Klinge/etc. Laß ein wenig warm werden / das du die ebichte Hand daran erleiden mögest. Darnach nim das Goldwasser/ vnd geus ein wenig in ein verglast Scherblein/ das da rein ist/ bestreich damit die Klinge/mit einem Harpensel/ fahr auff vnd nieder / das also die Klinge oder Blech/etc. Kupfferfarbe werde. Darnach thue Quecksilber auch in ein verglast Scherblein/ das nicht fett ist/vnd trage das Quecksilber mit Baumwollen auff das Blech oder Klinge etc. Wo es Kupfferfarb ist/da wird es vom Quecksilber gar weis / Nach deme nim ein wenig gemalen Gold/ auff einen Griffel/ vnd fahre mit dem Gold auff vnd nieder/ auff dem Quecksilber / Wenn du also verguldet hast/ so geus ein Löffel voll warm Wasser vber das Gold her/ das der Vnflath dauon gehet / Darnach halte die Klinge oder Blech vber das Fewer/so wird

das

das Gold dünne / wie es leber / das drucke mit einer Bürsten auff vnd nider / biß das Quecksilber weggereucht / vnd die Schrifft gelb wird / auff dem Blech oder Klinge / so es gelb worden ist / Nim Vnßlitz oder Talg / bestreich das gantze Blech oder Klinge damit / denn nim ein Wüllen tuch / vnd wische die Farbe damit abe / laß das Blech kalt werden / als denn steube durch ein Tüchlein reinen vngeleschten Kalck darauff / wische die Fettigkeit mit einem Semischen Leder abe / das es rein wird / Darnach halt es vber ein gut Kolfewer / vnd las es warm werden / bestreich das Gold mit glue Wachs gantz heis / wische als denn das glue Wachs mit einem stück rothen Tuch hinweg / nach dem machs rein mit Kalck im Tüchlein vnd Semischen Leder / wol gerieben / Wenn es gantz rein worden ist / vnd keine Fettigkeit mehr hat / so halt es wider vber ein Kolfewer / laß es blaw anlauffen / Zum ersten wird es Leberfarbe / zum andern Purpurfarbe / vnd zum dritten hübsch blaw / vnd halts nicht zu lange vber dem Fewer / das Blaw gehet sonst weg / vnd zerrürt ein grewlich Ascherfarb / vnd stehet gantz grewlich.

Was man weis wil machen /
sol man jme also thun / so man das
Blawe wil weg treiben.

As Blaw beſtreich vnd decke zu mit der Oelfarb / Nach dem nim Biereſſig / vnd laß wol warm werden / geüs vber her / ſo leufft das Blaw weg / Darnach ſo nim als bald warm Waſſer / vnd waſche die Farbe rein weg / mit einem reinen Leinen Tuch / als denn mit Kalck vnd Semiſchen Leder.

OBSERVATIO.

Rindern Vnßlit / das da roth iſt / das iſt das aller beſte / damit man die Oelfarbe erheben kan / Wenn du das Blech die lenge ſchreiben wilt / ſo mus auch das Blech die lenge poliert ſein.

Wie man Kupffer kalt Eßen ſol.

So nim das Blech oder Stal / beſtreich es dünne mit Wachs / dz da rein iſt / an / vnd laß wol vnd gar trucken werden / Nach dem ſchreib mit einem Pfriemen darauff kleine Schrifft / oder Bildwerck / biß auff den Grund / vnd verkleibe auch die Render mit ein gelben Wachs / auff das die Eße darinnen ſtehen möge / Darnach nim Scheidewaſſer / vnd geüs vber die Schrifft her / beſtreich das mit einem gelinden Penſel / auff vnd vber dieſelbige Schrifft / vnd laß ein wenig ſtehen / biß dichs düncket tieff gnug zu ſein.   Wiltu aber den Grund ſchwartz haben / ſo balde du das polierte Blech

Blech oder Stal/ durch das hersse Wachs gezogen hast/ vnd kalt worden ist/ Zünde darnach ein Liechtlein an/ halt das Blech darüber/ so wird der Grund schartz/ darauff du Schrifft vnd Bildwerck schreiben/ abreissen magst/ So scheinet als denn die Schrifft vnd Glantz vom Metalle hindurch. Die Federn aber/ damit man auffs Blech schreibet/ müssen nicht gespalt sein/ Darnach vmblege das Blech mit dem Wachs/ vnd etze/ wie bericht.

Oder nim ein wenig Wachs/ Kinruß vnd geschabte Kreiden/ zerlasse es zusammen in einem Tiegel/ damit bestreich die Klinge oder polirt Blech/ auffs dünnest/ heis an/ schreibe oder reisse darauff/ was du wilt/ das also die Schrifft fein durchsichtig ist/ vmblege denn die Klinge oder Blech mit Wachs/ thue darauff des guten vngetödten Scheidewassers/ las es eine zimliche gute Stunde/ darnach du die Schrifft vnd anders tieff haben wilt/ darauff stehen/ biß dich es düncket tieff gnug zu sein. Darnach giesse Bornwasser darauff/ so wird das Scheidewasser getödtet/ damit wasch es ab/ vnd nim als denn heisse Aschen/ vnd einen wüllen Lappen/ vnd reibe dasselbe auffs reinest ab/ darnach mit einer Bürsten/ vnd warmer scharffer Laugen/ so ist also dein Kupffer oder Blech/ mit dem/ was du darein geschrieben/ vnd einwartz getzt/ verfertiget.

Wiewol

Wiewol hierinnen einwarts zu etzen/mehr Berichts bedürffte/ wie diese künstliche Etze/ auff mancherley Art vnnd Wege zu gebrauchen/ Daraus denn andere vnd manchfeltiger Nutz /zur Schreibkunst dienstlichen / erfolget/ so wil ich doch/ so viel Gott gnade gibt/ solches meinen Söhnen / die etwas mehr bey mir/ mit besserm vnd mehren Verstand finden werden/ den Nutz ins Werck zu setzen/ vnd zu brauchen befehlen / etc.

Oder aber beschreib es mit Oelfarbe/ wie oben / wenn du die Schrifft nicht einwarts etzen oder sencken wilt/ vnd etze/ wie bericht.

Einwartz Etzen.

Nim Mercurium suplimatum ein Loth/ ein Loth Grünspan/ Victril ein Loth/ vnd Alaun ein Loth/ stoß durch einander gar klein/vn̈ thue es in ein Glas/ laß stehen mit Menschenharm/ das es wie ein Oel werde/ ein halben Tag/ rühre es offt vmb/ bestreich vnd vmblege denn das Blech mit Wachs / in massen / wie jetzund bericht / Wenn denn darauff geschrieben ist/ so nim das Etzwasser/ streich es darauff/ laß einen halben Tag stehen/ so frist sich die Etz hinein / Wiltu es aber tieff haben/ laß es deste lenger stehen.

Oder nim Mercurium suplimatum mit Essig/ thue es darauff/ laß es eine halbe Stunde/

de/ oder lenger/ darnach du es haben wilt/ stehen.

Ein andere rechtschaffene gute Etze.

Nim Mercurium suplimatum/ mit altem Brunkwasser/ vnd thue/ wie berichr.

Ein Gülden Wasser zu machen / vnd damit köstlich kalt zuvergülden / auff Ballerey/ Stal vnd Eisen.

Alaun nim / vnd Saltz / jedes gleich ein halb Quentlein / vnd ein Pfennig Gewicht Salpeter / Die drey stücke mische vntereinander/ vnd reibs auff einem Stein / zu subtilen Puluer/ Darnach nim zwölff blat fein Gold / reibs mit dem vorigen Puluer auff dem Stein / biß du kein Gold mehr ersehen kanst/ als denn thue es in eine Venedische Scheidekolben / geuß rein frisch Wasser daran / das es zwey Querfinger vber das Puluer gehet/ Nim einen frischen Sand / thue jn in ein Scherblein / setz jn in ein Glut / vnd wenn der Sand warm ist / so setz das Glas darein / stopffe das Glas zu mit einem Leinen Tüchlein / oder Baumwollen / laß es sieden / biß kein Wasser mehr darinnen ist / Vnd wenn es gelbe Bleßlein auffwirfft/ vnd zu einem Müßlein worden ist/

iſt/ ſo nim einen Rectificirten Brandtenwein/ vnd geuß vngefehrlich ein Nußſchal voll darein/ ſtopff denn ein Wachs darüber/ Auff das es durch den Broden nicht außriche/ laß es 1. oder 2. Tage vnd Nacht ſtehen/ das es nicht geöffnet werde/ als denn ſeige es abe/in ein ander Gleßlein/ Nim ein Feder/ vnd ſchreib mit dieſem Waſſer/ auff Stal oder Eiſen/ das polirt iſt/ ſo wird es gülden. Oder wenn du auff polirt Harniſch oder Klinge vergülden wilt/ ſo nim dieſes Waſſers mit einer temperirten Feder/vnd ſchreib oder male das auff die Klinge/ vnd mercke vleiſſig/ wenn das Gold auff der Klingen am höchſten an der Farbe ſcheinet/ ſo tupff mit einem Leinen Tüchlein oder Baumwollen darauff/ vnd wiſche das Waſſer hinweg/ ſo bleibt das Gold gantz ſchön vnd beſtendig.

Ein andere gute Etze / auff Meſſer Klingen.

NIm Darm von einem jungen Knaben/ vnd thue Kupfferwaſſer/Alaun/Grünſpan/ Saltz darein/ gleich/ vnd laß das zermeltzen/ vnd beſtreich alſo das Meſſer mit Wachs/vnd ſchreib denn mit einem Pfriemen in das Wachs/was du wilt.Darnach thue das Waſſer darauff/ wenn es eingetreuget/ ſo ſtreich noch ein mal oder zwey hinauff/ biß es tieff gnug gebiſſen hat.   Eine

Eine schöne Versilberung/
auff Kupffer vnd Messing.

Nim ein Loth oder ein Buch geschlagen Silber/ resoluirs in 2. Loth oder mehr Scheidewasser/ Darnach thue es in ein Küpffern Schalen mit Wasser/ so wird ein Kalck daraus/ den truckne ab ob einem Fewer/ Thue darnach 8. Loth gemein Saltz/ 5. Loth Weinstein/ misch ein alles mit einander in ein heussen Mörscher/ Wenn du nu versilbern wilt/ so reibs mit einem nassen Finger hinein/ wasch darnach mit Wasser ab/ vnd gerbs mit einem Berbeisen.

Ein andere Versilberung/
auff Eisen vnd Kupffer.

So nim 2. Loth Salmeack/ 3. Loth Galmey/ 4. Loth Saltz/ das gegossen ist/ 1. Loth Weinstein/ ein halb Loth Alaun/ vnd ein halb Loth Scheidesilber/ Reibs zusammen auff einem Stein gantz klein/ denn thue es in ein Glas/ mit einem Quartirlein scharffen Weinessig/ vnd laß es zergehen in einer kleinen werme/ denn bestreich das Eisen oder Kupffer damit/ so offt/ biß dichs düncket weis gnug sein.

Leinöl zu reinigen.

Nim Leinöl/ so viel du wilt/ thue das in ein Becherlein von Linden holtz/ setz vber ein Kolfewer/ vnd laß es wol heis werden/ als denn ist es gereiniget.

Wie man schöne Gründlein vnd Leimlein præpariren sol.

Ein Gründlein vnd Leimlein.

JM Hostia oder Ablat/ zerreibe oder stosse die in einem Mörscher/ thue es in ein Tigelein/ vnd geus ein wenig Wasser daran/ laß es eine Nacht stehen/ so quillet es/ Darnach reibs auffin Stein/ thue es wider in den Scherben/ geus ein gut theil Wasser daran/ so wird es schwach/ Wiltu jn aber starck haben/ so laß jn dicke wie ein Müßlein.

Ein ander Leimlein.

SO nim Abschlag von Pergament/ ein gut theil/ wasche den Kalck vnd Kreiden daraus/ biß so lange/ das nichts weis mehr dauon gehet/ Nach deme thue es in ein vnuerglasten Hafen/ geus ein Maß Wasser daran/ laß den dritten theil einsieden/ das vbrige seihe durch ein Tüchlein abe/ vnd wirff den schleim hinweg/ vñ ist auch damit zu leimen gut.

Vnd das sey auff diß mal zur Lehre von den dingen/ so der Schreibfeder vñ Etzkunst allein anhengig/ gnugsam/ Damit Gott befohlen.

Gedruckt zu Leipzig/ durch Zachariam Berwaldt/ 1589.